早稲田教育ブックレット No.31

私学の教員養成を探る
—早稲田大学120年のあゆみと次世代への一歩—

はじめに

早稲田大学教育・総合科学学術院教授　野口　穂高

近年、学校を取り巻く状況は急速に変容し続け、教員に求められる資質・能力も年々多様化しています。このような現状において、教職課程を設置する大学として、教員養成のあゆみを振り返り、併せて今後の教員や教員養成の在り方を模索し、実現に努力することは重要といえます。とりわけ、私学では、各大学が独自の教育理念を掲げ、開放制の原則下における教員養成の多様性確保に貢献してきました。早稲田大学の歴史をひもとけば、その前身である東京専門学校が一八八九年に中等教員無試験検定の許可を受け、早稲田大学と校名変更後の一九〇三年には高等師範部を設置して教員養成機能を拡充し、長らく教員養成に取り組んできました。戦後は、高等師範部の伝統を受け継ぐ教育学部に教職課程を設置し、全国で活躍する多数の教員を輩出し続けています。折しも二〇二三年は、高等師範部設置から百二十周年にあたります。また、二〇二七年には早稲田キャンパスに新九号館が建設され、教育環境の拡充がなされる予定です。

そこで、教育総合研究所では、「私学の教員養成を探る―早稲田大学百二十年のあゆみと次世代への一歩―」と題する講演会を開催し、早稲田大学が、いかなる理念を掲げ教員養成のあゆみを進めて来たのか振り返るとともに、本学出身教員の活躍の状況や、現職教員が私学の教員養成に何を期待するのか、その思いを確認することとしました。そして、これらの歴史と現在をふまえつつ、オンライン教育の推進や、新たな教育環境における教職課程の取り組みなど、私学の教員養成の今後を探ることを目指しました。当日は、三名の登壇者に講演いただきました。

お一人目の登壇者の湯川次義先生（早稲田大学名誉教授・早稲田大学百五十年史編纂専門委員）からは、高等師範部創設時に明示された私学としての教育理念や、戦前の教員養成の状況、戦後の教職課程が養成を目指した「学究の徒」という教員像について論じていただきました。

お二人目の登壇者の堀江敏彦先生（東京都立飛鳥高等学校校長・稲教会会長）には、現場で活躍する卒業生の状況や、私学に期待する今後の教員養成の取り組み等をお話しいただきました。

最後の登壇者の三尾忠男先生（早稲田大学教授、教職支援センター副所長）からは、今後の私学における教員養成について、特にオンライン教育の拡充や、新九号館の教育環境を活かした新たな教育方法について、具体的な事例を交えながら今後の方向性を提示いただきました。

その後の総括討論では、参加者の質問に対し三名の登壇者から回答いただく形で、今後の私学における教員養成の在り方について議論がなされました。全ての質問・回答とも、今後の教員養成を考えるうえで重要な手掛かりとなるものでした。

本ブックレットには、それぞれの登壇者の講演及び総括討論の概要を収録しました。本講演会及びブックレットが、教員養成の今後に少しでも寄与できることを願っています。

早稲田が掲げた理想の教員像―高等師範部から教育学部へ―

早稲田大学名誉教授　湯川　次義

皆さん、こんにちは。ご紹介いただいた湯川と申します。一年半ほど前に教育学部の教員を定年退職しまして、現在は『早稲田大学百五十年史』（全三巻）の専門委員と執筆担当を務めています。この『百五十年史』（完成予定二〇三二年）で私は、昨年刊行の第一巻で高等師範部の歴史について執筆し、また第二巻（刊行予定二〇二七年）では戦後新設の教育学部について執筆中です。こうしたことから、今回のシンポジウムのパネリストとして招かれたのだと思います。

このシンポジウムで私に託されたことは、先ほど近藤所長のお話にもありましたが、今年（二〇二三年）が高等師範部創立一二〇周年に当たることから、早稲田大学での教員養成の歴史について話すことです。ですが、私自身の研究テーマは戦前・戦後の女性の大学教育機会の歴史の究明にありまして、必ずしも教員養成の歴史が専門ではありません。教育史の研究者として、早稲田での教員養成の歴史について、『百五十年史』に書いた範囲で話させていただこうと思います。

皆さんにお配りしたのはレジュメと資料ですが、レジュメをスライド化したパワーポイントを使って話を進めます。

まず講演内容を説明しますと、全体としては早稲田大学が掲げた理想の教員像についてでして、具体的には、一点目は一九〇三（明治三六）年に高等師範部を設立した高田早苗（後に総長）が目指した教員像などを、二点目は高等師範部を引き継ぐ形で戦後に新設された教育学部が掲げた教育理念あるいは教員像、さらには教職課程の組織などを話す予定です。つまり、戦前と戦後改革期に早稲田が掲げた教員像を歴史的に確認し、今日さらには将来における教員像を模索する際の歴史的素材を提供できればと考えます。それでは早速、戦前に早稲田が掲げた理想の教員像を確認していきたいと思います。

一．戦前の中等学校教員養成制度と高田早苗の尽力

まず、早稲田が中等学校教員の養成に取り組み始めた背景を探る前提として、戦前の教員の養成方法について理解しておきたいと思います。戦前の教員養成は、小学校段階については師範学校で、旧制中学校などの中等学校段階は高等師範学校で行うことを基本としていました。このような制度は、一八九七年の師範教育令によって確立され、明治末年の時点では、師範学校は各府県立で男女別に設けられ、また高等師範学校は官立学校として男女別に全国で二校ずつ設けられていました。一九四三（昭和一八）年の制度改革以前は、ほぼこのままで推移していきます。

ところで、全国の中等学校の教員を四つの高等師範学校だけで充足できないのは当然でありまして、これを補う意味で二つの方策がとられました。一つは、臨時教員養成所を帝国大学や官立高等教育機関に付設する方法で、もう一つは教員検定制度です。後者の教員検定制度では、個人が資格試験を受験する方法もありましたが、他に一定水準以上の専門学校などの卒業者には無試

験で教員資格を与える制度もありました。これは中等学校教員無試験検定と呼ばれていました。

この無試験検定は、一八九九年以前には帝国大学や官立専門学校などの「指定」学校の卒業者だけに与えられ、私立高等教育機関の卒業者には認められていませんでした。ですが、同年の中学校、高等女学校、実業学校という中等教育制度の整備に伴い、これらの学校の教員需要が一気に高まりました。そのため、文部省は九九年四月に無試験検定を一定水準にある公立・私立の学校にも「許可」することにしました。本学が教員養成に取り組み始めた法的な根拠は、この制度改革にあり、さらに他の私学でも高等師範部や高等師範科を設けて教員養成を開始しました。

この私学への無試験検定の資格付与は、政策上の大きな転換であった訳ですけれども、この件には文部省の要職にあった本学首脳の高田早苗が深く関わっていました。高田は、一八九八年成立の第一次大隈重信内閣で文部省参事官と高等学務局長の地位にあり、こうした立場から私立学校卒業者にもこの資格を付与することに改めたのです。

この件について具体的に確認しますと、一九〇三年に早稲田の学監高田が、専門部文学部の卒業式で無試験検定を私立学校にも与えるよう力を尽くしたことを説明しています[1]。すなわち、この「資格を私立学校の卒業生に与へる」ことは、「私が丁度文部省に居りました時に自から主張」したものであり、反対の声が随分あったにも拘わらず「自から案を立て」て、高等教育会議（文部省の教育諮問会議）に提出して、これを通過させたと説明しています。続けて高田は、中等学校教員の不足を補うことに加え、教員が官立学校卒業者だけでその「性質が余り一様」であるのは「日本の教育界の為に取らぬこと」であり、一つの「鋳型」にあてはめられた人間だけが

「教鞭を採る」のでは「到底教育の進歩は見られない」とも言っています。

このように、高田は政策転換を図った理由について、中等学校教員が官立学校出身者ばかりで「性質」が一様であることは好ましくなく、多様性が必要と批判し、文部行政に関わる立場から私学にも付与するように改めたと説明しています。さらに高田は、一九一三年の高等師範部の入学式で、これまで話したことに加えて、中等学校教員養成について「官公立、私立の区別」を設けていたことは差別であると批判し、そして各私学の「学風の下」で養成することがよいとの考えから私学にも資格を付与するよう改革し、早稲田に高等師範部を設けたと説明しています。(2)

早稲田では、これまで説明したような考えを堅持し、一九〇六年一二月に高等教育会議に私学への教員資格の付与を厳格化する諮問案が出されたことに対して、九項目にわたる反論を示したとされています。(3)そこでは、「私立学校の特権を奪ふは一国教育の隆運を期する」ことに反する、文部省が示す範囲内で「成るべく自由にして種々新なる教育法」を試みることは「一国教育の隆盛を促す」ものであり、「一より十まで同一鋳型に入れられたる教育法は決して是認すべき」ものではないと主張しています。さらに、私立学校は教育にバラエティーをもたらしているのだから、むしろ「此の種の学校を保護奨励する」ことは当然であり、「少数の私立学校の精神を保護する」ことは日本の教育に利益をもたらす、とも述べています。ここでも早稲田は、官学の独占を批判し、本学を始めとする私学による多様な教員の輩出の重要性を強く説いたのでした。

もちろん、こうした資格を与える根拠には私学の水準が向上したことも見逃せない事実ではありますが、高田はこれまで確認したような考えに基づいて力を尽くし、その結果一八九九年に、一定水準の私学の卒業者にも中等学校教員無試験検定の資格が与えられたのです。高田は、私学における教員養成のパイオニアであったと言えるのではないでしょうか。

次に、早稲田に教員無試験検定が「許可」された事実を確認します。一八九九年当時はまだ高等師範部は設けられていませんので、最初は九九年七月に東京専門学校文学部の三つの学科に、修身・教育・英語・国語及漢文・歴史・地誌・地文の免許状が与えられました。これは私学で最初の資格付与でした。高等師範部の場合は、一九〇三年一一月に法制経済科などの四つの科に対して、修身・法制経済・英語・国語及漢文・歴史・地理の免許が与えられています。

これらは、専門学校令による早稲田の教育機関に無試験検定が与えられた例です。一方、一九二〇（大正九）年には大学令の下で正式な早稲田大学となりますが、その時に設けられた学部の卒業者にも中等学校教員の資格を与えられました。【補足説明：一九一九年一月時点で見ると、早稲田大学は大学部、高等師範部、専門部という三つの組織から成っていました。そして、翌二〇年の時点では財団法人早稲田大学が設ける学校は、①大学令による大学（政経学部など五学部）、もう一方には専門学校令による②専門部、③高等師範部という三つの学校が存在していました。そして、二四年に夜間の早稲田専門学校が設立されます。ですから、戦前の早稲田にはおおよそ四つの高等教育機関が並立し、高等師範部と大学学部の卒業者に免許が与えられていた訳です。】

なお、当時の中等学校教員の社会的地位について説明しますと、比較的高かったと言えます。一八九九年に中等教育制度が整備されましたが、一九〇〇年時点の学校数を府県別の平均で見ますと、中学校は各県に六・四校、高等女学校は四・一校、実業学校は一〇・二校にすぎませんでした。このような状況から、中等学校教員の社会的威信の高さが明らかになります。

二．高等師範部創設の意図と高田の教員像

次に、高田の高等師範部の創設の意図や教員像の一端を確認します。今まで述べてきたことからもおよそ推測はつきますが、総長としての高田は一九二九（昭和四）年一一月に高等師範部においてその使命などを述べ、明確な意図をもって師範部を設けたと説明しています。[4]すなわち、「御承知の通り教育界殊に中等教育界」には一方に「茗溪派」（現筑波大学）という「高等師範の団体が勢力を占めて」おり、もう一方では「東京帝大其の他の帝大出身の人々」が勢力を張っている、との認識を示しています。続けて、「早稲田も私立大学として一方に立つ以上」は、政界や実業界だけでなく「教育界に於ても陣を張らなければならぬ、教育界に於て他の二つと並んで拮抗する丈けの力を養ひ、さうして早稲田は早稲田の教育上の趣旨を持つて居るのであるから、其趣旨の普及を計ると云ふことにしなければならぬ。それが此学園の力を増す所以である」「国家に貢献する所以」であると述べて、これが高等師範部創設の論拠であると説明しています。

この説明からは、まず教育界での地歩の確立と、本大学の自負心というものが確認できます。さらには、早稲田の教育理念、これは「教旨」のことを言っている訳ですけれども、「教旨」に基づく教員養成が大事だと言っています。皆さんご存じのように「教旨」には三つの柱がありまして、学問の独立、学問の活用、それから模範国民の造就ですね。その中で教員として最も必要なものとして、高田は「模範国民の造就」をあげています。では「模範国民とは如何なるもの」

でしょうか。それについて高田は、一方では「立憲制の美」をなす能力を備えた者であり、もう一方では「世界的に活動して此の国家の利益を計る」ことのできる人間であると説明しています。まとめとして、「模範国民を養成」するためには「立憲思想の普及」と「対外観念の発達」の二点を教育の上で奨励し、それが出来得る「頭を造」れば良いと述べています。

少し解説を加えますと、私は政治史を専門とはしていませんが、大隈重信が党首であり、イギリス流の立憲君主政治を理想とする立憲改進党に高田は属していましたので、立憲制の精神の普及を目指すのは当然であったと考えられます。この点について、『百五十年史』の第一巻では、一九一三年に「教旨」を制定した当時の高田にとっての課題は、もはや東京専門学校創立時の「一国の独立」、つまり独立国家としての日本ではなく、世界政策の実行と立憲体制の擁護にあり、このような課題を担うべき実用的な人物、すなわち国家有用の人材を育成することが早稲田大学の任務であると考えていたとされます。この点を確認すると、高田が述べた意味が理解できます。

次に、高等師範部が重視している点を確認します。大学創立三〇周年の記念誌(5)では、高等師範部の目的は早稲田大学の「教旨」を体して中等教育界に活動する教育者を養成すると記しています。少し細かく見ますと、一つ目としては教科の専門性と教育者としての広く、かつ深き修養を持った人物を養成することにあり、二つ目はよく「今日の時勢を解し立憲治下の中等国民」を育てる教員の養成に留意していると述べています。第三に、高等師範部では「卒業の上直ちに実地の教育」にあたり、よくその「効果を挙げ得る」ような準備をさせるため、「中学程度の教材を用ひて、学生相互に実地演習」をさせたり、「中等諸学校を参観」させている、と記しています。

先行研究によりますと、中等学校教員は各教科の専門だけを学んで、教育実習を行っていないとか、教育についての専門的知識もなかったとされています。そういう中で、早稲田の高等師範部では実践力の育成にも配慮していたことがうかがえます。

次に、高等師範部の制度についてですが、師範部は東京専門学校が早稲田大学へと校名を変更した翌年の一九〇三年に、専門部の中の教科教育を行う四学科をまとめる形で設立されました。そして、その組織は国語漢文科、歴史地理科、法制経済科、英語科から成り、中学校卒業者を半年間教育する高等予科を置き、その上に年限三年の師範部を設けました。なお、この時に専門部から九七人が移籍したとされています。その後師範部の組織は数回変更されますが、それは資質向上や免許教科の関係から、さらには学部の専門分野との重複を避けるために行われました。

次に、早稲田出身の中等学校教員の数について確認しますと、一九二五年時点では九八八人で、勤務先は中学校が六〇・五％、高等女学校が一二・八％、実業学校が二三・三％だったとされています。また、早稲田以外に明治期に高等師範部や高等師範科を設けていた私立学校として、國學院、青山学院、日本法律学校（現日本大学）、女子英学塾（現津田塾大学）、哲学館（現東洋大学）、日本女子大学校などがありました。

三．戦後の教員養成改革

次に、戦後の教員養成改革と早稲田大学の対応について見ていきます。新たな教員像の模索については、二つの動きがありました。一つは一九四六（昭和四六）年三月のアメリカ教育使節団の報告書でして、そこでは戦前日本の教員養成の欠陥を指摘し、小学校だけでなく全ての学校段階の教員に対して専門的準備教育が必要とするとともに、教員養成教育は一般教養、専門的知識、教職教養の三つで構成されるべきだと勧告しています。教員養成は教科の専門性だけではなく、教育に関する専門的学識に基づいて行うことを提言した訳です。二点目は、それを受けた教育刷新委員会での議論でして、そこでは戦前の師範教育の理念と制度を根本的に見直し、質的向上を図るとともに広い視野と高度の一般教養を重視し、開放制の原則を確立させました。戦前の師範学校が国家目的に沿う教員を養成し、また幅の狭い教育技術の習得にとどまっていた点が反省されました。さらにこの委員会は、教員養成は教育学科を設けて大学で行うことを建議しました。

次に、一九四九年に成立した教員免許制度について見ますと、そのポイントは①免許状主義、②専門職制の確立、③大学での教員養成、④現職教育の重視などにあり、さらには戦前に見られた国公私立間の差別を撤廃した点も注目されます。重要な点は三点目の教員養成は大学で行うことを原則として、その質的向上を図ったことでして、このことは開放制の教員養成を重視した点とも一致します。戦前の尋常師範学校は長い間中等教育機関であり、また教員養成だけを目指す「目的学校」でした。それを改め、目的学校以外の大学で学んだ者が教員になる制度にした訳です。大学で高い教養と深い専門的学芸を修めた教員、すなわち学識に基づく専門職としての教員像を成立させたと言うことができ、この点が最も重要なことでした。

四．教育学部の創設と新たな教員像

次に、なぜ早稲田大学が教育学部を設けたのかという点を簡単に申し上げますと、一つは早稲田内部の問題があります。旧制度の専門部や高等学院（大学予科）などは、新制大学の学部に「転換」させる必要がありましたので、高等師範部もそれに沿って学部にしたということです。大浜信泉元総長の回顧によりますと、高等師範部が相当日本の教育界に貢献してきた歴史があるので、学部に転換したと言っています。もう一つは、教育学科を設けて大学で教員を養成するという教育刷新委員会の建議があったことを受け、早稲田でも教育学部を設けました。

続いて、教育学部が掲げた教育理念や教員像を話したいと思います。一九五一年度の『教育学部案内』(6)では、「敗戦を機として、未曾有の転換期を迎えた日本が、平和的文化国家の建設を中外に宣言した今日『教育』のもつ使命の重大さについては、今さら述べるまでもない」ことであり、それ故に「教育学部の存在意義が、より深く認識」されるべきであると記しています。こうした表現は、憲法の「理想の実現」は「教育の力」にまつべきとの教育基本法の前文を重く受け止めて記されたのだと考えます。続けて、「大いなる理念を掲げる当学部ではあるが、それは決して従来の師範教育に於けるが如き内容のものではなく、学問による人格陶冶という大学教育の目的は、夫々の専攻学科を通じて何よりもまず立派に果されている」とも述べています。

このように、戦前の師範教育とは違うのだ、学問による専門性を重視するのだと記しています。続けて、ここが重要だと思いますが「よき教育者たらんとする者は先ずよき学究の徒でなければならぬとは、創始以来、極めて地味な、しかも着実な学風の中に、大きな伝統の流れとして、続けられてきた」ものであると記しています。このように、良き教育者は学び続けなければならないという、高等師範部の伝統を教育学部は引き継いでいるのだと強調しています。無論、文学部や他の学部を卒業しても教員になった方が沢山いらっしゃるわけですが。

時間がありましたら補いますけれども、教職課程では教職を目指す他学部の学生も対象とし、また現在では大学院レベルの教員養成も行っています。それから、稲門教育会という早稲田出身教員の集まりが、県などを単位とした組織として、また大学の組織として設けられています。

最後に、今日の結論を話したいと思います。私の話からは、早稲田大学の先人たちが社会における教育の重要性、さらには子どもたちの人間的成長に関わる教員の重要性を強く認識し、その結果として教員養成を重視してきたことが明らかになると考えます。また、高田が説いた私学での教員養成の意義や本大学の理念と教員養成の関係も確認できました。

一方では、戦後八〇年近くが経ようとしている訳ですから、時代状況に応じた新たな教員の能力が模索される必要があることは言うまでもありません。ですが、平凡な結論かもしれませんが、早稲田の先人たちが唱えた理想の教員像、すなわち第一に教科の専門性を探究し続ける姿勢、第二に自己の人間性の向上、それから生徒や社会への関心を持ち続けることの重要性は、時代を越えた普遍性を持つと私は考えます。ちょっと早足になりましたけれども、時間も過ぎましたので、以上で私の発表を終わりと致します。ご清聴、どうもありがとうございました。

《注》

（1）『早稲田学報』第八二号（一九〇三年四月）。

（2）『早稲田学報』第二一九号（一九一三年五月）。

（3）『教育時論』第七八〇号（開発社、一九〇六年一一月）。

（4）『早稲田学園』（早稲田大学、一九三〇年）。

（5）『創立三十年紀念　早稲田大学創業録』（一九一三年一〇月）。

（6）『昭和二十六年度　教育学部案内』（一九五一年）。

《主要参考文献》

『早稲田大学百五十年史　第一巻』『早稲田大学百年史　別巻Ⅰ』『学校の歴史　第五巻』など。

都立学校における教員の現状と教職大学院及び教職課程に求める育成について

東京都立飛鳥高等学校校長　堀江　敏彦

私からは、都立高校の現状、都立高校で活躍している早稲田出身の教員、さらに教職大学院や教職課程に求める育成ということで、お話をさせていただきます。

まず、今年の東京都の教員採用試験の倍率です。全体の平均は、一・六倍でした。中学校高校共通では、一・八倍でした。教員採用については新しい取組を進めていて、試験の改革等を行っているところです。例えば、大学三年生が教員採用試験にエントリーすることができる制度を取り入れました。また、私の教科は英語ですが、英語の試験内容を変更したと聞いています。ＡＬＴ（英語等教育補助員）等のやりとりを想定して、現場で実際にどのような英語での会話が必要なのかという観点で、試験の内容が変更されました。詳しくは各教育委員会等のホームページを見てください。

現在、教職がなぜ敬遠されているのかについて、朝日新聞に、労働時間が長い、残業代がない、給料が安い、部活動の指導もしないといけないなどの理由で、敬遠されているという記事がありました。さらに、クラスの人数が四〇人もいて対応ができない。保護者とのコミュニケーションについて不安がある。教育実習で指導を受けた先生方から、「学校はこんなに厳しい」と言われる。それらが敬遠につながっているとのことでした。しかし、記事のまとめで、教員養成系の学部の学生は、「学校の勤務が忙しいと言われているが、それは社会がつくった偏った見方である。だから、教員を目指す自分たちにとっては、あまり関係ない」という話でまとめられていました。現在の職業選択の傾向から、教員が敬遠されている事実はご承知の通りです。

さて、話を変えます。東京都立の学校はさまざまです。私がこれまで経験した学校を紹介します。最初に赴任したのが多摩地区のA高校で、いわゆる困難校といわれていた学校でした。生活指導が中心で、喫煙やオートバイの問題行動で、生徒指導に追われている実情がありました。そういった状況では、教員が一枚岩にならないと、生徒と接することが難しいので、教員の仲は非常に良く連携がとれていたと思います。

次に異動した学校はB高校で、中堅校でした。困難校から異動した先生は生活指導がほとんどないので、楽に感じたと思います。逆に、進学指導に力を入れている学校から異動すると、学習面で気を張らなくていいので、やはりのんびりとしてしまいがちです。

次は、進学指導に重点をおいているC高校です。生徒は優秀で前向きです。学力のある生徒が多く、例えばラグビー部の生徒で三年生の一〇月、一一月まで部活動していたとしても、最終的に最難関の国立大学にストレートで進学していくという状況です。ですから、最初は教員が背中を押してあげるのですが、そのうちに生徒がひとりでに駆け足でずっと先へ進んでいくというようなイメージです。先生方は、一・二年生で基礎・基本を、生徒たちにしっかりと身に付けさせる教科指導ができるのかどうか、進路指導をうまくできるのかどうか不安であり、忙しいのではないかと思います。

次の高校は、普通科で外国語コース制のあるD高校です。外国語コースには、英語が得意な生徒が多く、教員が英語指導をいかに効率的に、効果的に実施するのかが課題の一つでした。英語の先生方はとても大変そうでしたが、同時に生徒がどんどん成長する場面に立ち合い、充実した時間を過ごしているようでした。

最後は、現任校である都立飛鳥高校です。普通科の単位制の高校で、多様な生徒が入ってきて、多様なニーズがあります。それに応えるために、先生方も多様な対応が求められます。もともと国際理解教育に力を入れていた学校であり、外国につながる生徒の入学が非常に多くなってきています。全日制では約三割、定時制では六割以上が外国につながる生徒で、中には、日本語を習得する必要のある生徒も多くいます。

その他にも都立には通信制、特別支援などといったさまざまな学校があります。さらに、「東京は広い」ため、東部から多摩地区西部、それから島しょ部もありますので、どこに自分が赴任するのかわからないといったことも、もしかすると敬遠されている一因ではないかと思います。

現任校について、もう少し紹介させていただきます。飛鳥高校は国際理解教育に力を入れていて、感染症対策のために中止されていた国際交流の取組が、四年ぶりに対面での実施が可能となりました。今年の夏、アメリカ、カリフォルニア州サンフランシスコ近郊のウォルナットクリークにあるラス・ロマス高校へ短期の語学研修を実施することができました。海外交流の取組ができる学校ということで入学している生徒が多かったので、参加生徒の笑顔が本当に印象的でした。それから、部活動も頑張っています。他の高校にはあまりない女子サッカー部ですとかラクロス部など、特色のある部活動があり、ラクロス部は今年初めて全国大会へ出場することになりました。

ここで、飛鳥高校で活躍する早稲田出身の教員を紹介します。一人目は女性で、主任教諭です。東京都の場合は教員職層を教諭、主任教諭、主幹教諭、管理職である副校長、校長として、それぞれ昇任選考を受験することになりますが、その中の主任教諭として活躍しています。現在、総務国際交流部の主任でもあります。総務の中心となる校務は広報です。それから国際交流は先ほど言いましたが、海外交流を調整しています。また、硬式テニス部の顧問として、生徒が硬式テニスを楽しめる状況を作り出しています。彼女が顧問になってから入部する生徒数が増えています。それから、弦楽オーケストラ部の副顧問を兼任していて、セカンド・バイオリンを担当しているとのことです。

彼女を一言で表すとするなら、「妥協なし」です。途中で投げ出して、諦めるということを一切しない教員であると思います。彼女が展開する授業も抜群です。基礎・基本を生徒たちに定着させることの必要性をよく分かっているので、一年生、二年生の最初の授業から一週間程度は、いわゆるオリエンテーションで、徹底的に一年間で何を学ぶのか、そして「学び方」について理解させます。授業そのものもユニークです。例えば、小説を指導する時に、先生自らが、その主人公を演じて、「さて、今この主人公が感じているのはAパターンの私、Bパターンの私のどちらでしょうか」と、生徒の前でパフォーマンスをするなど、生徒を引き付ける力があると思います。彼女は、長時間労働をしているわけではなく、効率的に仕事をしているようです。彼女のおかげで、さまざまな校務が進められていることに感謝しています。

二人目は、理科・生物担当の教員で、主幹教諭です。まだ三〇代ですが、ミドルリーダーとして学校運営の要として職務にあたっています。野球部出身ですが、本校には野球部がありませんので、現在、ソフトボール部の顧問を担当しています。彼は学校の頭脳、中枢です。さまざまな調査依頼が東京都から学校に送られてきますが、それを全て読み込んで的確に判断して、副校長と相談して作り上げて、報告します。彼も帰りは早く、本校の全日制の終業は一六時五〇分ですが、部活がない日には一七時一〇分頃にはもう退勤しています。彼もまた、隙間時間等を効率的に使っている教員です。もちろん、紹介した二人のような教員ばかりではありません。しかし、学校には情熱があり、有能な教員が必要です。

話は、学校が期待する教員に移ります。まず、教科指導力だと思います。理科、生物の教員なら、生物に関することを何でも知っている。国語の教員なら、教科書にある作品について、的確に説明できるという具合です。先ほど紹介した二人は、そのレベルにあると思います。おそらく、しっかりと教材研究をしているはずです。

それから、職務遂行力。学校は教員の集合体、組織です。教えるだけ、本務だけではなく、学校を協力して運営する必要があります。教務、生活指導、進路指導、学年等の担当ごとに業務を進めます。これも学校の仕事であると捉える必要があります。

さらに、部活動指導力。最近では、必ず全員の先生に求められているものではないですが、もし余裕があって、部活動を指導できる力があって、生徒と教科指導以外でも関わりたいという気持ちがあるならば、是非、部活動指導にも積極的に参加してもらいたいと思います。

教科指導について付け加えると、先生はその教科のエキスパートです。しかし、さまざまな学校があって、生徒もさまざまです。ですから、生徒の実態に合わせて、自分自身の引き出しから材料を選び、それらを加工して、授業として展開することができるということが教員の本質ではないかなと思います。よく言われますが、「教科書を」ではなくて、「教科書で」教えるということです。加えて、学習指導要領の柱の一つである探究活動にも関係しますが、Teacher から Facilitator へ、教える人から学びに導く人へ、授業スタイルを含めて、いかに生徒に興味・関心を抱かせるか、工夫する意識が必要なのではないかと思います。

次に生活指導についてです。生徒指導提要が新しく改定されましたが、その中に、生活指導は「成長や発達する過程を支える教育活動」であると書かれています。教員の豊かな経験を生かしながら生徒を導く必要があるということだと思います。生徒指導も以前とは大きく変わってきました。そして、ますます、個人ではなくてチームとして対応することが求められています。例えば、校則です。昨年度から、毎年、校則を点検して生徒の意見と保護者の意見を必ず取り入れて見直さなければならない時代になりました。何か問題行動等があると、校則にあるからということでダメであるという指導は、以前は通用していましたが、もはや通用しなくなっています。

それから、進路指導についてです。進路指導の基本は生徒、保護者とのコミュニケーションだと思います。生徒が考えていること、生徒が目指しているもの、そして、保護者はそれをどのように理解しているのかを見極めながら指導を進める必要があります。大学の入試形態については、推薦や総合型選抜を含めて以前とは大きく変わりました。進路指導にあたる高校の教員も大変ですが、間違ってはならないことなので、細かい情報を進路指導部と学年が協力して確認する必要があります。残念ながら、ミス・リードによって、生徒の一生に影響を与えることになるかもしれません。実際に、コミュニケーション不足の状態で進学を決めてしまい、半年後、一年後に高校を訪ねてきたときに、「もう辞めようと思っている」とか、「自分が思い描いていたのと全く違っていました」という話を聞かなければならないこともあります。とにかく、繰り返しますが、生徒とコミュニケーションができるかということが肝要です。

そして、クラス担任。教師になったからには、担任をすることが一番楽しく、醍醐味《だいごみ》なのではないかと思います。人の成長に関わる、三年間の生徒の成長を見守る、後押しできることが、最高に面白いことだと思います。しかしながら、少しずつ先生方の中に、この担任業務を敬遠する人も増えてきました。できれば、来年は担任を外してほしい、一年間は様子を見させてほしいという要望が上がるようになっています。もしかすると、教員を敬遠することと、教員になってからも敬遠したいことが繋がってきているのかもしれません。

最後に、「教育者としての人間性を育む大学・大学院」に対してお願いしたいことについてお話します。教員を志望していて、人に何かを教えることが好きという学生に、教科指導の基礎を徹底的に教えていただければと思います。そして、人を育てることが好きという学生を育てていただければと思います。例えば、その学生には尊敬する恩師や頼もしい先輩との良好な関係性があるならば、それを大切に育み、保てるような環境や雰囲気を大学・大学院には持っていてほしいと思っています。

振り返ってみると、私も昭和から平成に変わる頃に、早稲田で英文学を勉強していたはずなのですけど、残念ながらその時に学んだ「教科指導の基礎」について私自身の記憶にはほとんど残っていません。しかし、自分が好きな先生、尊敬する教授、助教授、講師の先生は大勢いらっしゃいました。教員になりたての若い頃には、大学に先生を訪ねてお話を伺う機会も少しはありました。次第に年賀状だけのやりとり程度になってしまいましたが、ふとしたことで、今でも、先生方の声や言葉が鮮明に蘇ることがあり、力を与え続けてくれています。

まとめです。「社会人としての自覚を学べる大学・大学院」で、当たり前の普通の人になって卒業してもらいたいと思います。

まず、教育者としての自覚です。先生だったら、今、ここで何をしなければならないのか、自分で考えて、当たり前の行動ができる人になってほしいと思います。先生としての行動を、誰かに聞くのではなく、自分で考えて欲しいのです。

次に、柔軟性。何でもまず受け入れることです。反対するのではなく、自分の中に一回受け入れて消化してみる。そんな人間性、柔軟性を持ってほしいと思います。

同じような意味ですが、対応力。課題があれば、そこに向かっていく気持ちはとても大事だと思います。

次に、発想力。さまざまな課題がありますから、それらを解決するためにどうするのかという、発想力が必要です。解決法は一つだけでないことが多いと思います。教員がいれば教員の数だけあるのではないでしょうか。一生懸命考えて欲しいと思います。

次に、課題解決力。これも同じです。先生だけじゃなくて、社会に出ると社会に出た人全員に求められるのが、「あなたに与えられた課題をあなたならどう解決しますか」ということだと思います。それが社会に出る、仕事をすることではないでしょうか。

そして、教員を楽しむ心。「教員だからこそ楽しい」という気持ち。生徒といかに関われるか、部活動でどのように指導できるのか、毎日わくわくしながら、大好きな教員を続けていただきたいと思います。

私の話は以上です。どうもありがとうございました。

デジタル時代の私学での教員養成の在り方
―オンライン教育の新時代―

早稲田大学教育・総合科学学術院教授　三尾　忠男

オンライン教育という手段が全国の学校、大学に普及している今、大学での教員養成が今後どうなるかについて私論で話しをさせていただきます。話題を三つ提供し、討論会で意見交換できればいいなと思っております。

まず、本学における現在の学部教員養成の状況についてお話をします。近年の教員養成の制度は、緻密化と呼べばいいのでしょうか、科目構成に細かい改訂が進んでいます。そこに加えて、先ほど話があったように、学校での教員不足と教員希望者減の状況が厳しくなっています。

教職課程では、教職の科目が数科目増えたことに加えて、教職に関する主要科目について到達目標などのコアカリキュラムが示され、大学では該当科目のシラバスとの対応表を用意することになり、科目のクラス数の多い本学ではその管理の仕組みも検討することになります。

さて、何度も報道で取り上げられた、教員採用の倍率がかなり低いことについてです。教育委員会はもちろんですが、学校個々でも対応しているようです。今年二月に校長から聞いた話ですが、学校長自身がＰＴＡとの通常連絡用ＳＮＳで教員免許取得者情報を求めたり、近隣の大学の就職課への問い合わせを行うほどの状況だったとのことです。教育委員会だけでは教員不足に対処できないほど厳しい地域がありました。

本学のように中等学校教諭の教員養成を主とする私立大学は、教員採用にどの程度寄与しているのかを文科省が公表している「令和三年度（令和二年度実施）公立学校教員採用試験の実施状況」資料で見てみました。私立大学だけを抽出した数値でないので、国立教員養成系の割合から逆に私学の果たしている割合を考えてみたいと思います。国立の教員養成系大学からの受験者は、全受験者数（中学校：四四、一〇五人、高校：二六、一六三人）のうち、中学校一三・五%、高校も一一%を占めています。採用者総数（中学校：一〇、〇四九人、高校：三、九五六人）のうち、中学校二三・一%、高校一五・七%です。ということは、今後も本学のような私立大を含む一般大学学部での教職課程を終えた学生が頑張って受験し、採用を目指していくことが求められていると思います。

教職を目指す学生数についても全国の傾向と同じく本学でも減少しています。本学では、二〇一三年四、九〇四名、二〇一八年二、八五四名、二〇二三年二、三七三名となっています。学部での教職員免許取得者推定数[1]は、二〇一三年七五四名、二〇一八年四六三名、二〇二二年三一三名となっています。教職課程の主任をのべ三期担当しておりますが、本学の教員養成のキャパシティーとしては二〇一八年頃がちょうどいいかなと感じています。

本学からの教員採用試験合格者の実績[2]は、二〇一三年度（公立：二五四＋三三名、私立：七二＋二三名）、二〇一八年度（公立：一九九＋四七名、私立：七八＋一四名）、二〇二二年度（公立：一四

二＋一〇名、私立：四三＋一四名）となっており、教職課程履修者数と同じような減少傾向です。ところで、教育実習がキツくて教員採用試験の受験を止めた事例報告もあるようですが、私が出会った本学学生は、教育実習で自分の知識・実力不足を痛感したので研鑽を積んでから改めて教員になるという理由の方が多い印象です。

さて、教育のオンライン化と教員養成に話題を移します。二〇二〇年のコロナ禍での対策と二〇二一―二三年度までのＧＩＧＡスクール事業の成果で、全国の小中学校と高校そして大学も含めて教育をオンラインで対応することが可能になりました。この教育の情報化そのものは、二〇〇〇年前後から文科省が主導・推進し、現在は働き方改革の手段としても学校教育のデジタル化が急務となっています。

令和元年当時、文科省はSociety5.0社会での学校の未来像を提示し、オンラインでの授業やＡＩドリルの導入、ＡＲやＶＲの活用、校務の電子化が進む方向を提唱していました。さらに近年は、学習履歴等の教育ビッグデータを用いて子どもたちにより適切な教材を提供する仕組みの構築が始まっています。例えば二〇一八年にある小学校の授業で小学校五年生が操作に躊躇なく、自然な形でプログラミングと組み立てキットの信号機の制御に取り組んでおり、これが現在の小学校での一般的な光景になっています。また、今月初め（二〇二三年一二月）に授業公開日に伺った小学校では日常的にタブレット端末を使用しているので、一年生の生活科の授業では子ども同士で操作を教え合いながら発表する姿が見られました。なお、その学校はＴＶ会議システムを活用し、学校公開日に学校の様子をオンラインで保護者に公開したり、教職員の会議資料、校務分掌の多くはデジタル化を終えているとのことでした。

各省庁がそれぞれの分野で情報社会Society5.0にむけて、デジタル化と少子高齢化に対応するように動いています。この方向はとても良いと思うのですが、気になることもあります。この情報社会では、実空間から得たビッグデータをサイバー空間で人工知能が解析して実生活に活かすことになります。その結果、私たちの生活がどのように変わるかがあまり想像できていないことです。生成ＡＩの一つChat GPTが去年暮れから一般利用が可能になり、今年、瞬く間に国際社会と政治、さまざまな業種分野でＡＩ活用として話題となっています。私も使ってみていますが、教育特に学校教育にかなりの影響を与え、変革を起こすと実感しております。

ＡＩについての二〇二三年のニュースで気になったものをいくつか紹介します。五月頃の報道で、ベルギーで対話型ＡＩを用いたカウンセリングアプリの利用者がその対話利用が中毒性を帯びてしまい、自死するという事件がおきました。この出来事をきっかけに、ＥＵではＡＩの規制が進んでいます。一方で、亡くなっている漫画家手塚治虫氏の新しい漫画を手法と技法を学習させたＡＩで制作して発売されました。教育関連では、夏休みに文部科学省が読書感想文のような宿題を生成ＡＩでは作成しないように通知を出した一方、学校教員に対しては積極的にＡＩを活用して理解を深めるように促しており、子どもたちが利用する状況へ備えようとしているようです。秋以降、生成ＡＩやＡＩを教材作成や子ども自身が利用する授業実践も多数報告されています。

この勢いの中、私が気になることの一つとして、現時点で教員がＡＩに依存しすぎる恐れです。

ＧＩＧＡスクール事業初年のコロナ禍で厳しい登校制限の時期、児童にタブレット端末でのオンラインでの自習とＡＩ型ドリルでの学習期間が長かった結果、教職員の中には小テスト作成の能力が一時的に低下した人もいて困ったという声をある校長から伺いました。一方、「『令和の日本型学校教育』を担う教師の養成・採用・研修等の在り方について（中間まとめ）」（中央教育審議会令和四年一〇月五日）では、学習履歴を含むビッグデータを活用して教材や課題をＡＩ活用して生徒一人ひとりに合うようにするシステムも構想していますので、ＡＩ活用の学校教育での日常化によって教員の役割に影響を与え、教員養成においても新たな取り組みが求められることになります。また、この中間まとめでは、教員養成段階にもＡＩ利用を含むＩＣＴを使い、教育データの利活用を求めています。本学のように総合大学で規模が大きい教員養成課程でどこまでできるのかを考えねばなりません。

ここで学校における授業での教師と生徒の関わり方を整理してみたいと思います。旧来は、学級が生活集団と学習集団であり、教師から学級へ教育内容（学習内容）を効果的・効率的に伝達する形です。二一世紀になり、総合的な学習の時間の導入の前後から、習熟度別指導やティームティーチングの導入で教師から見える学級の様子が少し変化し、かつ生徒が主体的に探求的に学ぶことが必須になりました。そこでは教師は、ポートフォリオなどで学習状況を把握・評価することの重要度が高まりました。続いて、情報活用力の育成として、生徒自身がノートＰＣ等を使うようになると、生徒が外社会から情報を取得する学習が始まりました。さらにＧＩＧＡスクール事業により、児童生徒一人一台のタブレット端末とネットワーク接続により、生徒・生徒間、生徒・外社会間で情報のやりとりができ、かつその活動・技能そのものが学習の目的になってきました。しかしながら、まだ学校が責任をもってその接続先や環境整備と評価の役割を担っています。それがSociety5.0では、学習のＩＣＴ環境や評価の役割もＡＩがその大部分を担うことになると思います。すると、生徒の学びにとって学校と教師の役割が新しくなることを今から考えておかないと、大学の学部教員養成で何をすべきかをそれぞれの大学でも考えておかないと、制度・方法が追い付かない予感がします。

さて全く話題を変えてみます。今、日本は少子高齢化で人口オーナス期、つまり非従事者数が従事者数よりも多い状況になりました。ということは、働く人がいろんな分野の業務をする必要、つまり汎用的な人材を育成することが急務になっているのです。これは私の理解ですが、そのために、小・中学校、高等学校の「生きる力」、大学学部教育の「学士力」、そして社会人の「二一世紀型スキル」という、知識より協調性、スキルが主体になってきているのでしょう。

そのような社会に向けて学校は生徒たちに何をすればいいのでしょうか。さらに、私たちの生活に携帯端末（携帯電話、スマートフォン）やノートＰＣが浸透したことで「情報の価値」がどんどん低下しています。携帯端末の操作一つで、情報検索や複製ができます。情報を調べる行動「情報行動」が非常に軽くなりました。ヒトの考えを評価して判断することも「情報行動」の一つで基本的には「学び」の行動とイコールです。いずれＡＩが代行し始めるとどうなっていくのでしょうか。私たちの世代は、時間と労力を使って情報を集める「情報行動」を体験しているので「情報行動」が軽くなることを便利で快適に感じます。一方、今の子どもたちの世代は軽い

「情報行動」のみの体験であり、「情報」の価値、重要度への認識が異なることになります。学校教育という枠組みの中で情報行動の意義と意味を伝え、体験することが必要になるでしょう。

さらに、学びの持続時間も短時間になってきています。大学授業での学生の集中力はかつて三〇分程度といわれ、現在は一〇分程度ではないでしょうか。本学の大学総合研究センターの学生調査には、オンデマンド講義は長くせず一〇分ぐらいで一トピックの方がいいという回答が多かったようです。では、授業一コマの時間六〇分や九〇分にどのような価値をもつのでしょうか。

ここ数年で学習環境が大きく多様化しており、授業の方法も多様化が求められていると感じます。かつて「情報メディア白書二〇〇九」の中で電通総研が「細切れの感情生活」という言葉で新しい日常、我々が目にするコンテンツの特徴を的確に捉えています。六〇分のTVドラマではなく、短時間一〇分程度で喜怒哀楽が完結するコンテンツが好まれるようになってきています。同じように近年の学習も細切れ化が進んでいるように私は感じます。一見無駄のように思えるような時間をかけて調べ考える機会が少なくなり、情報端末で即座に情報を集めて組み合わせ、継ぎはぎで回答を作り上げることができてしまうのです。このような学習環境では、教師がどのような課題を提示するかが重要になります。今まで学校の情報化を進めてきた関係者も、現在のこの状況を予測していたでしょうか。

本学は、私立としてどのような教員養成を行っていけばいいのでしょうか。情報化とＡＩの登場により、極端な個別最適化と継ぎはぎ、さらに考えることをＡＩが代行する時代が来ることを想定して私たちは何を準備するのでしょうか。今回のシンポジウムのテーマを受けてずっと考えてきました。

オンライン教育の時代では、実空間の「教室」のみでの学びは小中学校、高校と大学も含めて、多分なくなるかもしれません。これから新九号館を造るのに何を言ってるのだろうと自分でも思います。とにかく、二〇二〇年から三年間のコロナ禍とオンライン教育の普及と実践の反省、現在の対面授業の全面再開の状況を見て、教師・学生たちが同じ空間に集まることの意義と効果を再考しています。例えば教室の授業のオンライン配信技術の高度化で感じたことがあります。本学でも一部の授業ではハイブリッドで学習を提供しています。オンラインのほうが自分に合うという学生さんもいます。確かに日常の授業で教員の動きを中心にビデオカメラが自動で追跡してくれれば、手軽にコンテンツ化が進みます。これは昨年、某映像機器メーカーの試作機の実証実験のシーンです(3)。ビデオカメラの被写体を追う自動追尾機能が高度化しており、被写体である私が授業中にグループワークの学生の中に紛れても映像を収録できます。すでに一四号館のある教室には常設です。カメラ操作の人材が不要で、講師を中心とした映像が撮れる設備は、学校に普及し、どこでもいつでも収録、視聴できる授業の環境が実現できると思います。

一方で、新しい時代の教員養成を考える時、生徒一人ひとりがＡＩの支援で自分の学習コンテンツを選んでいくとき、教師は学習にどのように関わればいいのでしょうか。さらに一八歳人口減と汎用的人材の社会的ニーズ、オンラインで教職課程を履修する学生のことも想定して考えないといけません。教員養成において、「教える技術」から生徒に「学ばせる技術」を学部教職課程に盛り込む方向が出てくると考えます。これまでとは異なるパラダイムとなります。

突然ですが、新九号館について少しだけお話します。立地がとてもよく、実はいい場所にありまして、早稲田通りに面した第三西門に直結する計画です。馬場下から上がっていってすっと入れるところです。しかも、この導線はそのまま二階のフロアになり、その一部が入試等でのロックアウトの時期も開く予定です。教職を目指す学生に向けての支援をしている教員就職指導室がこの部分へ移設しますので、日常的な教職に関する相談、教員採用試験対策講座、さらに教職を目指す卒業生との面談相談が年間を通じて実施できるようになります。もちろんオンライン方法も継続しますが、対面で教員指導室に在学生、卒業生が集うことの意味が出てくると願っています。詳しくはサイト(4)をご覧になっていただければ幸いです。

今一度、私が何をお伝えしたいかというと、今後、教育の個別化が急速に進んでいきます。教師はもちろん学習者は集団とどう接するか、人と人がリアルに接することがどのような意味をもつのかを再考していきたいと思います。先ほどの堀江先生の話につながるのですが、いかようになっても人による人との関係が教育であってほしいと思います。人が人と接することを避けて生きることは世の中では困難ですから。リアルタイムでの経験をいかに学校でつくるのかが今度は焦点になり、次世代の大学での教員養成では、この点がキャンパスに求められることだと考えます。実際、私が担当する学部教職課程の授業が昨年から驚くほど変わっています。教室でグループワークをするとこれまで見たことのない勢いで学生たちは活発な議論をしています。区切りをつける指示を出すことをためらうくらいに。一昨年までの二三年間は見なかった光景です。授業の三割ほどはオンライン実施のため、教室でのクラスメイトとのグループワークの機会が貴重なのでしょう。また、本学の教職課程は全学部に開かれており、実に多様性のあるバックグラウンドの学生たちが教員免許取得を目的で教室に集まって議論をするのでその要因も大きいと思います。これが総合大学の利点でもあり、教職課程の授業を対面で行う大きな意味と意義だろうと思います。この特徴を今後も残しつつ、校友の先生方も大学授業に参加していただける、例えばオンラインで参加できるようになり、教職という共通のテーマを通じて授業の中で人と人がうまく集まってくるような仕組みが学部での教職課程につくっていけたらなってことも考えています。開かれた教職課程、できればフロアの皆さんと議論となればいいなと思っております。

《注》

（1）学部正規生のみの人数であり、科目等履修生の人数を含まない。一括申請者のみ。
（2）公立は合格者と「期限付き」（東京都の期限付任用教員名簿登載者数）。私立は、専任と非常勤講師としての人数。
（3）権利関係の事情で掲載できません。
（4）早稲田キャンパス新九号館建設募金 Web Page（URL https://kifu.waseda.jp/contribution/newbuilding）（2023.12.16アクセス）。

《参考文献・資料》

電通総研編（二〇〇九）「情報メディア白書二〇〇九」、ダイヤモンド社。
中央教育審議会（二〇一九）「新時代の学びを支える先端技術活用推進方策（最終まとめ）」（令和元年六月二五日）。

中央教育審議会（二〇二二）「『令和の日本型学校教育』を担う教師の養成・採用・研修等の在り方について～『新たな教師の学びの姿』の実現と、多様な専門性を有する質の高い教職員集団の構築～（中間まとめ）」（令和四年一〇月五日）。

文部科学省（二〇二二）「令和三年度（令和二年度実施）公立学校教員採用選考試験の実施状況について」。

Robert K. Branson（1990）. Issues in the Design of Schooling: Changing the Paradigm, *Educational Technology*, Vol. 30, No. 4, pp.7–10.

総括討論

早稲田大学教育・総合科学学術院教授　野口　穂高
早稲田大学名誉教授　湯川　次義
東京都立飛鳥高等学校校長　堀江　敏彦
早稲田大学教育・総合科学学術院教授　三尾　忠男

野口：それでは、ここからは総括討論に入りたいと思います。はじめに、教職の志望者の減少について検討したいと思います。まず、学生が抱く教職への不安に対する見解、また、教職課程に関心を持っていない学生の興味を喚起するには、という堀江先生への質問です。

堀江：現任校で見ると、働き方改革は高校ではかなり進んでいて、困りながら遅くまで残って仕事をする先生方は、飛鳥高校に限っては全くいない状況です。遅くまで残る先生は、職務とは関係なく自分の意思で、夜の一一時過ぎぐらい、定時制が一〇時半頃に終わりますので、それをさらに超える時間まで全日制の先生が残るという実態があります。ただそれが、働き方改革にかかる問題なのかというと、考えざるを得ないところがあります。もちろん働き方改革は大事だと思いますけれども、それは個人的な取り組みでは解決できないと思うので、例えば教育委員会が主導的に指揮を執りながら改善に取り組む必要があると思っています。

二番目の質問ですが、東京都教育庁の幹部の方と話をする機会があって、「教員採用で多くの大学生に来てもらうにはどうしたらいいか」という質問を受けました。その時の私の答えは、給料を倍にするでした。給料を倍にすると、教員を目指していない学生の目も向いてくる、そうしたところで新しい展開が生まれるかと思いますと言ったんですが、難しいという趣旨の回答がありました。来年から高校の無償化が進みますので、やれないことはないのかなと思っています。もし何か転換点になるとすれば、そういう大改革を行政にもやってもらったら何かが変わるのかなと思います。

野口：ありがとうございます。次は三尾先生に質問です。社会人経験者の学び直しにおいて教育学部、大学院が果たす役割はどのようなものがあるでしょうか。

三尾：開放制の教員養成の本学は、教員免許を取得した学生の内の八割ぐらいは、民間企業や公務員に進みます。その中には、実習における生徒たちとの出会いから、いずれ教壇に立ちたいという気持ちを抱いて卒業する学生も多くおります。また、教員免許取得に至らなかった学生も卒業後に本学の科目等履修生として教員免許取得に不足する科目と教育実習によって教員免許を取得する方も多く、開放制が機能していると思います。

また、大学院教育学研究科でも社会人が入学してきて教師になる方もいます。例えば、教職大学院大学を創設して二年目でしょうか、銀行員の方が入学されて教師に、某教育関連企業で学校に関わるうちに、教師になりたい思いが強くなり入って来た方など、教職スキルをアップして教職に就く方もいます。二〇二七年度に新九号館が完成しますと、これまで以上に外からのアクセスがよく社会人で教職に関心をもつ方がいつでも相談に来られるようにしていきたいなと思っております。

野口：次は、先生方全員に対する質問をいただいております。教員不足を打開するために必要なことは何だとお考えですか、また教職の素晴らしさをどのように伝えられるでしょうか。

三尾：堀江先生のご回答にも関連しますが、本学には稲門教育会という、本学の卒業生で教職に就いた方の校友会組織が全国にあります。今年度初めて「若手の会」というものを実施しました。そこでの若手の校友の先生の報告の中に、学校長のリーダーシップで働き方改革が進み、夏休みのうち二週間は教職員の出校は不要とし、そして地域行事で負担になっているものを減らすことを地域と協議して減らした学校の事例もありました。本来の授業、子どもの指導に注力できる方向で改革は進んでいるようです。ただ、決定打は堀江先生と同じで、収入、待遇だと思います。

堀江：先ほど申したとおり、給料倍増と思います。加えて、海外ではさまざまな働き方の形態があって、いわゆる常勤の先生が一割程度、残りの九割が時間講師といった学校もあるようです。自分の時間だけ来て、他はまた違う仕事等に取り組むっていう方がいっぱいいらっしゃいます。両者は給料の面でほとんど差がないということでした。ですので、現在は都立の学校でも、正規の教員と非常勤教員では、やはり賃金の差が非常に大きいという現状があるので、そうした差異も含めて改革する必要があるのかなと思っています。あとは、知り合いの若い方と話をした時に、細切れの働き方についての考えを伺いました。自分のもつスキルを四等分、五等分に分けて、同等のスキルの仕事を四つ、五つと並行して行う働き方です。理由を尋ねると、「一本で二〇万稼ぐか、五本で二〇万稼ぐかの違いだけです。一本をクビになったとしても、例えば一六万は確保できるわけですよね」なんていう答えがありました。働き方改革では、時間ばかりがクローズアップされますが、根本的なところで改善が必要かなと思っているところです。

湯川：私は教員養成を専門とはしていませんが、教育学を研究対象とする大学教員を約四〇年務めたことを踏まえますと、教員のなり手不足を解消するためにはどうしたら良いかという点について、多少の個人的な意見はあります。

教員のなり手が少なく、企業などを就職先に選ぶというのは、やはり収入の面が影響しているのは間違いないと思います。ですので、給料を上げることはとても大事ではありますが、すぐには実現できないことだと考えます。それではどうすれば良いかと言いますと、やはり自分の職場が意義ある、自分にとって学校現場が魅力あることが重要なのだと思います。それは、授業が面白くない、わからないという子どもが学校はつまらないと思うのと同じように、教員としても自分が生涯をかけて働いている職場が、魅力ある場であることが大事なのではないでしょうか。それが生徒にも伝わり、その結果教員志望者が増えることに結び付く面もあると思います。

では魅力があるということはどういうことかと考えますと、自分が生きているんだなという実感、職業を通じて社会に貢献しているという充実感とか、あるいは自分が生きているという喜びを感じ得ることが大事なのではないかと思います。その場合、自分の成長とか充実感だけではなくて、子どもが成長しているんだとわずかでも実感できることが、教員にとって大事なのではないかなと考えます。やはり、学校の先生方の職場が、働きやすさとかいろいろなものを含めて魅力あることが大事なのだと考えます。

一例を申しますと、今年世田谷区の市民大学で津田梅子の伝記（吉川利一『津田梅子』など）を読むゼミの講師を務めたのですが、その筆者が津田梅子という人物は、自分にとって人間として成長するモデルであったという意味のことを書いています。こういう点を踏まえますと、子どもが成長する際に「あの先生は素敵だな」とか「魅力的だな」ということを感じてもらえたら、教員として幸せだという面があるのだと思います。

その場合、もちろんクラブ活動での指導を受けて、あの先生は素敵だということもあるでしょうが、やっぱり先生方も言われたように、あくまで教員は授業が「勝負」だと思いますので、本来的に授業で魅力的だと感じてもらえることが大事だと考えます。私の経験で言いますと、大学院の学生の皆さんから、例えばゼミの後の「食事の場」などで魅力ある教員と思われるだけではなくて、授業や研究指導で確かな先生と感じてもらえることが大切なのだと考えます。

野口：ありがとうございます。ここからは私学の教員養成をどのように充実させていくか議論したいと思います。先ず、教科指導の基礎として何を大学で学ぶ必要があるか、また、今後現場のミドルリーダーが注力すべき事柄は何か、という質問を堀江先生宛にいただいています。

堀江：教科指導については、自分が担当する教科、科目についてはエキスパートになるぐらいの気持ちでやっていただくということなのかなと思います。中途半端だと、生徒たちは必ず見ていて、次の質問はその先生のところに来なくなって、同じ教科の別の先生のところに行ってしまう可能性があります。その場で答えられなくても、時間をもらって、必死で調べて早くに回答できるような、そういったところまでは基本というのをもってもらえればなと思います。

それから主幹教諭などのミドルリーダーについては、そこを目指す方が少ないです。責任を最終的に自分がもってしまうということに不安を抱く状況もあるかと思います。そうした教員には、コミュニケーションを図りながら、「でもあなたにはこういう力があって、こういうふうに実際やっているじゃないですか」って話をして、自分の今もっている力に気付いてもらうっていうような努力を続けています。結果、主幹教諭、ミドルリーダーの中核になっていく先生もおります。ただ、教員になる人が少なく、さらに昇任を目指す人も、徐々に減少しているのが実情です。では、どこの段階で、どういう改革をすればいいかという単純な問題ではなくて、制度から何から、変えていく必要を感じますが、なかなかそう簡単には行かないのが現実だと思います。

湯川：教科指導としては、教員がより深みのある授業をすることが大事ですし、生徒はそれを見て判断しているというのは、実感としてもそのとおりだと思います。この点に関連して私は、教育学部が五一年頃に唱えた、よき教育者となるためにはまずよき学究の徒であるべきだ、ということを先に示しました。大学の四年間で学んだ専門的知識、それは限られたもので、教職に就いてからも教科の専門性を自分でより深めていくことが、教員として大事だと思います。

野口：ありがとうございます。では続きまして三尾先生への質問です。先ほど授業の魅力が大切というお話が湯川先生からもありましたが、ＡＩの発達により教育方法があまり問われなくなると、その魅力が失われがちということはないでしょうか、という質問をいただきました。

三尾：ありがとうございます。パフォーマンスをする教師はおそらく不要になってくると思います。ただ堀江先生のご報告にあった国語の授業で先生が題材を自分で演じることはＣＧでなく人間であることが効果を高めていると思います。なぜならその場で生徒たちと直接対話しながら授業を作っているのですから。一方、課題解決力については、学校の先生自身も教材研究など何か困った時にはＡＩに相談すると回答が返ってくる、そういった時代がもう目の前に来ています。ただ、ＡＩも万能ではなく、質問に対する回答のうち正解は九四％程度で、残り六％はエラーという報告もあります。利用者である生徒と教師のどちらも「どう問いかけるか」を考え、回答に対してまず「疑うこと」が必須になってきます。つまり、この点がこれからの教師が生徒に働きかける重要な場面であり、生徒に接する時の魅力になると思います。先ほどの国語での演技の例でもそういう場面を作り、生徒に問うているわけです。

二五年ぐらい前に通信制の大学の研究に取り組んだ際に、学生は孤立して大学の授業を履修しています。そこで、学生に必要なリテラシーとして私たちが最初に考えたのは「問う」というスキルと意味を新入生に伝える教材を作ったこともあります。今後、オンライン学習では同一空間で学び合いが少なくなる状況を考えた時に、必要なのは生徒一人ひとりが「問う」ことであろうと思います。ＡＩとヒトの違いは、ヒトは疑問をもって問うのです。それが学校教育でできる唯一のことになってくるのかと思います。また、湯川先生から学究という言葉がありましたけども、生徒が魅力的と感じたことへ追求、探究していくことが楽しいことを学部の教職課程として学生に理解してもらえるかを考えていきたいなと思っております。

野口：さらに、三尾先生に対する質問です。教職に求められる能力が、認知的なものから非認知的なものへ、非人格的なものから人格的なものへと質的に変化していると感じられました。この大きな流れがあるとしたら、今後の教員養成はどうなっていくのでしょうか。

三尾：オンライン教育では、学習者が集団ではなくて個人に移行します。大学での学びも、オンライン対応の拡充により、集団に対する教育だけでなく個人への学びに変化することを考えると従来の知識注入ではなく、いかに学生本人に興味をもたせることができるかがさらに重要になります。とにかく、児童・生徒の個々の成長、特にオンラインなどでの学びの状況にも目を向けることが教師にとって重要になります。大学生には自分の成長を日々感じられるような場面を大学が意識して作りだし、楽しいと学生が感じてくれれば、そうした教育を教職に就いて生徒にやってみようと思うことにつながります。生身の大学教員が学生に接し、学生が自己肯定感を得られるような場面を大学のキャンパスで醸成していくのが仕事と考えています。特に私学の場合、履修者の多い授業が多数ですので学生一人ひとりに注目した教員養成にシフトする必要があります。ただ、総合大学であり開放制という特徴は失ってはいけません。資格取得後の進路に関係なく教室で議論しているのが本学の教職の授業であり今後もそれを活かしていきたいと思います。

野口：只今、三尾先生から私学の教員養成における多様性のあり方について考えをお示しいただきました。関連して、私学出身の教員の多様性について湯川先生からお話しいただけますか。

湯川：少なくとも高田早苗が教員の多様性が必要といった意味を考えますと、例えば早稲田大学には学問の独立といった教育理念がありますし、また慶應義塾では独立自尊、明治大学では自由と自治とか、私学ごとに独自の理念を掲げていました。そうした理念の下で学んだ人たちが教職に就くことによって、教員の多様性を生み出す、という意味を言っていると考えます。現在、私学の建学の理念や学風は失われつつあると言われますが、今日でも各大学の特色が残っているのは事実ですし、そこから多様な個性ある教員が輩出することが大事だと言えます。

野口：ありがとうございます。最後に司会者から質問をします。戦前から校友会の組織をどうするか課題となっておりましたが、稲門教育会の今後の在り方や展望をお聞かせください。

三尾：全ての都道府県に稲門教育会を開設することが私ども教職支援センターの願いの一つであります。また、今年、若手の会は、若手の先生方に同世代の横の広がり、地域を越えた全国規模の校友というつながりを実践報告や意見交換の機会に使っていただければと考えております。TV会議も日常的に使えるようになりましたので。さらに、五年後には新九号館で、若手の会と稲門教育会の総会を合併したような大きな会ができればと願っております。

堀江：私も、稲門教育会についてはほとんど関りがなかったのです。現場での先生方との交流といいますか、そういったものが濃密でしたので、寂しい時期はみじんもなしということで、自分のいる場所で精いっぱいだったというのもあって、なかなか大学の組織というところは、私には縁遠かったのかなと思います。ネットワークという話がありましたけど、いかに稲門の中で声をかけながら、こういったことがあるのだ、こういった催し物があるのだっていうことを口伝えに伝えていきながら、一緒に参加して盛り上げていこうよ、というようなことが現場では必要なのかなと思っています。稲門教育会を知らなかったっていう人が結構多くいますので、そうならないように、私も現場の中では稲門の方々全員に声をかけて、できれば稲教会の総会にみんな出てよっていう話をしていますので、地道にそういったことが必要なのかなと思っています。

湯川：戦前の組織としては、一九一二年に早稲田中等教育研究会が結成されたことが確認できます。これがどういう意味をもつかと言いますと、早稲田出身の教員が中等教育界で一定の割合を占めるようになり、そのネットワーク作りがなされたのだとされています。戦後については、一九四七年に東京に地区稲門教育会が作られましたがこれが最初の組織でした。

野口：ありがとうございます。本日は、高等師範部が開設されてから一二〇周年、また、新九号館の建設に向けて、早稲田大学の教員養成のあゆみを振り返り、今後を見据えた議論ができればと考え、講演会を開催しました。先生方のお話や、ご参加の皆さまからの質問を伺い司会者として考えたことは、やはり、多様性のある教員養成が私学の役割として期待されていること、また、早稲田大学では全国から学生が集まり、また全国へと多数の教員を輩出してきたということが一つの強みなのではないかと感じました。故に、全国で活躍する先生方が連携する機会や場など設けていけると、早稲田の強みがより発揮されるのではないかと思います。

私学には創設時の建学の理念があり、この理念に基づいて特色ある教員養成を長らく続けてきました。議論を通じ、建学の理念を再度振り返りながら、今後の教員養成の道を切り拓いていければと思いを新たにしました。本日はご参加いただき、誠にありがとうございます。

「早稲田教育ブックレット」№.31刊行に寄せて

近藤　孝弘

このブックレットは、早稲田大学教育総合研究所主催の教育最前線講演会シリーズ三七「私学の教員養成を探る―早稲田大学一二〇年のあゆみと次世代への一歩―」（二〇二三年一二月一六日開催）における講演と議論をもとに内容を構成したものです。

早稲田大学に高等師範部が設置されてからの一二〇年は、人類にとってあまり幸せな期間ではなかったかもしれません。自然災害や疫病は仕方がない面があるとしても、二度の大戦をはじめとする数々の戦争が多くの人命を奪い、また経済発展の負の遺産である気候変動が明るい未来を思い描くことを難しくしているのを私たちは知っています。こうしたなかで教育に携わる者は、近現代の諸問題に対して学校は無力だっただけでなく、むしろ加担する面もあったことを素直に認める必要があるでしょう。特に相対的に自由度が高いとされ、そこに存在意義の一つを見る私学の教員養成には、国立の機関には難しい独自の人類への貢献が期待されますが、このことの認識が、次の一二〇年における私たちの歩みを大きく左右するように思われます。

講演会では、ＡＩの発達に伴って教員のあり方がドラスティックに変わる可能性が示唆されましたが、学校と教育学が否応なくリセットされようとしているいまだからこそ、未来を構想するうえで、歴史的な熟考を支える主体性が必要とされていることを実感させられました。

最後になりましたが、本書の編集と刊行では学文社の皆様、教育総合研究所のスタッフの皆様に大変お世話になりました。心より御礼申しあげます。

（早稲田大学教育・総合科学学術院教授）

著者略歴（2024年３月現在）

野口　穂高（のぐち　ほだか）
早稲田大学教育・総合科学学術院教授　修士（教育学）
略歴：早稲田大学大学院教育学研究科教育基礎学専攻単位取得退学、千葉大学大学院医学研究院・医学部特任助教、玉川大学教育学部助教、早稲田大学教育・総合科学学術院講師・准教授を経て現職。早稲田大学教育総合研究所副所長。専門は特別活動、日本教育史。

湯川　次義（ゆかわ　つぎよし）
早稲田大学名誉教授　博士（教育学）
略歴：早稲田大学教育学部教育学科卒業、青山学院大学大学院文学研究科博士課程単位所得退学。国士舘大学文学部教授を経て早稲田大学教育学部教授。二〇二二年定年退職。専門は日本教育史。
著作：『近代日本の女性と大学教育』（単著）、『戦後教育改革と女性の大学教育の成立』（単著）、『早稲田大学百五十年史　第一巻』（共著）、『学校沿革史の研究　総説』（共著）、『東京都教育史通史編二』（共著）など。

堀江　敏彦（ほりえ　としひこ）
東京都立飛鳥高等学校長
略歴：早稲田大学第二文学部英文学専修卒業、同大学教育学部専攻科英語・英文学専攻科修了、オーストラリアン・カトリック大学大学院修士課程修了。都立八王子北高校、神代高校主幹教諭、教育庁指導部指導主事、小石川中等教育学校、日比谷高校副校長、教育庁指導部主任指導主事、小平高等学校校長を経て現職。

三尾　忠男（みお　ただお）
早稲田大学教育・総合科学学術院教授　修士（教育学）
略歴：鳴門教育大学大学院学校教育専攻修了、文部科学省大学共同利用機関放送教育開発センター助手・助教授、（同機関）メディア教育開発センター助教授、早稲田大学教育学部助教授を経て現職。専門は教育工学。学習のデジタル化、ＡＩの教育活用のユースウェア的考察、ＩＣＴ活用のアクティブ・ラーニングに関心を持っている。『授業評価活用ハンドブック』（分担執筆）

近藤　孝弘（こんどう　たかひろ）
早稲田大学教育・総合科学学術院教授　博士（教育学）
略歴：名古屋大学大学院教育発達科学研究科教授を経て現職。早稲田大学教育総合研究所所長。専門は政治／歴史教育学、比較教育学。